LE RENDEZ-VOUS SUPPOSÉ,

OU

LE SOUPER DE FAMILLE,

COMÉDIE

En deux actes, en prose, mêlée d'ariettes.

Par le C.en J. B. PUJOULX;

MUSIQUE DU C.en BERTON,
Membre du Conservatoire de Musique.

Représentée pour la première fois sur le Théâtre de l'OPÉRA-COMIQUE-NATIONAL, le 18 Thermidor, an 6 de la Républ.

Prix, 1 franc 2 déc.

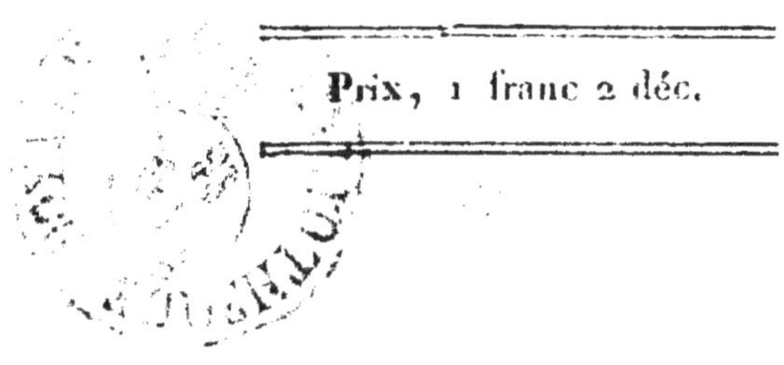

A PARIS,

AU BUREAU DRAMATIQUE, rue Helvétius, N.° 664;

Chez { MIGNERET, Imprimeur, rue Jacob, N°. 1186;
VENTE, Libraire, Boulevard des Italiens.

AN VI.

QUELQUES MOTS.

Plusieurs personnes m'ont demandé pourquoi j'ai fait un *Opéra* d'une *Comédie* qui a eu beaucoup de succès. Ma réponse est simple : ce changement dans le genre de la pièce, n'ôtant rien au succès qu'elle a eu en Comédie, j'ai cru que je pouvais le renouveller en m'associant un Compositeur qui ajoutât à ce tableau de famille les charmes de son art ; d'ailleurs, comme nous avons ensemble au même théâtre une SUITE, ou plutôt un PENDANT du Souper de Famille, qui sera représenté l'hiver prochain, j'ai pensé que les spectateurs aimeraient à voir ces deux tableaux dans le même cadre.

Enfin, dût-on me taxer de partialité pour cet ouvrage depuis long-temps cher à mon cœur, j'avouerai franchement qu'il me plaît davantage sous sa nouvelle forme, et que le second acte a beaucoup gagné en Opéra. La musique, qui dans plusieurs Comédies à ariettes ralentit l'action, est si bien liée à celle-ci et tellement dramatique, qu'elle augmente l'effet des situations principales, sans rien ôter à cette simplicité du sujet qui en fait le caractère particulier et sans doute le vrai mérite.

Personnages.	*Acteurs.*
FLORVILLE,	C. Michu.
Mad. FLORVILLE,	C.ne Crétu.
CANDOR, Père de Mad. Florville,	C. Solié.
AUGUSTE, } Fils et fille de Florville;	C.ne Gavaudan.
JULIE, } Auguste est l'aîné.	C.ne Ribou.
AMBROISE, vieux domestique de Florville,	C. Paulin.
LISETTE, femme-de-chambre de Mad. Florville,	C.ne Hyacinthe.
LAFLEUR, domestique de madame Florville,	C. Moreau.

La scène est chez Florville, dans une maison de ville et de campagne, à une demi-lieue de Paris.

LE RENDEZ-VOUS SUPPOSÉ,

OU

LE SOUPER DE FAMILLE,

COMÉDIE.

ACTE I.

Le Théâtre représente un Sallon bien meublé. Il y a deux portes aux deux côtés dans le fond; ce sont celles des chambres des enfans. Celle qui est sur le devant à gauche donne dans la chambre du père Candor. A droite, il y a une table couverte d'un tapis; à gauche, un piano.

SCÈNE PREMIÈRE.

FLORVILLE, AMBROISE.

DUO.

FLORVILLE *entre avec l'air très-agité.*

Oui, cher Ambroise, il faut m'apprendre
Un secret si cher à mon cœur.
C'est trop tarder, il faut me rendre,
Ou me ravir pour jamais le bonheur.

AMBROISE.

Hélas! que voulez-vous apprendre?
Je ne veux que votre bonheur.
Mais le tems seul pourra vous rendre
Ce calme heureux qui fuit de votre cœur.

FLORVILLE.

Je rapportais à ma famille
Le fruit des travaux les plus doux ;
Près d'un jeune fils, de ma fille,
Fortuné père ! heureux époux ! . . .
Non... non...

FLORVILLE.	AMBROISE.
Non, c'en est trop, il faut m'apprendre Un secret, etc.	Hélas ! que voulez-vous apprendre ? Je ne veux, etc.

FLORVILLE.

Ah ! tu connais mon caractère ;
Je suis encor maître de moi.
Mais si ma femme était plus légère. . .

AMBROISE *vivement.*

Non, non, je réponds de sa foi.

FLORVILLE.

Crains enfin que la jalousie
De mon cœur vienne s'emparer.

AMBROISE.

Repoussez cette frénésie ;
Hélas ! daignez vous modérer.

FLORVILLE *avec force.*	AMBROISE.
Mais c'en est trop, il faut m'apprendre Un secret si cher à mon cœur. Ah ! parle enfin, il faut me rendre Ou me ravir pour jamais le bonheur.	Hélas ! que voulez-vous apprendre ? Je ne veux que votre bonheur. Ah ! le temps seul pourra vous rendre Ce calme heureux qui fuit de votre cœur.

FLORVILLE, *avec chaleur.*

Oui, tu as beau t'en défendre, mon cher Ambroise, tu es le seul de mes anciens domestiques que ma femme ait conservé ; tu avais toute ma confiance avant mon départ, et je crois que tu la mérites encore ; ainsi, c'est de toi seul que je peux apprendre ce qui s'est passé dans ma maison pendant deux ans d'absence.

AMBROISE.

Daignez me dispenser. . . .

FLORVILLE.

Je ne suis ici que depuis deux jours ; mais j'en ai assez vu pour me prouver qu'il s'y est fait un grand changement ; d'ailleurs ma femme ne saura pas que tu m'as dit. . . .

AMBROISE *vivement.*

Je le saurai, et c'est assez pour moi.

FLORVILLE.

Quelle obstination ! Loin de la trahir en m'instruisant de ses erreurs, c'est au contraire me donner le moyen de la ramener. Parle, dis-moi, par bonté, par reconnaissance, ce que d'autres me diront par intérêt : je n'ai pas de temps à perdre ; ou tu vas tout me découvrir, ou je vais appeler un des domestiques de ma femme, faire briller l'or à ses yeux ; et ce que la raison et mes prières n'ont pu faire sur ton cœur, ma bourse le fera sur celui d'un être méprisable.

AMBROISE.

Pardonnez ; mais c'est que j'aimerais mieux mourir, que de porter le trouble dans votre ménage. Au moins me permettez-vous ?. . . .

FLORVILLE.

Ne me cache rien. Je connais ma femme ; l'héritage considérable que j'ai été recueillir a pu l'éblouir ; elle est faible.

AMBROISE *vivement.*

Elle est faible, c'est cela ; ce mot renferme tous ses torts. Entraînée par l'exemple de quelques femmes, qui semblent se faire un devoir d'oublier qu'elles sont mères, elle...

FLORVILLE.

Tu hésites !... Elle a oublié qu'elle l'était ; elle a négligé ses enfans, je ne m'en suis que trop apperçu. Mais pourquoi a-t-elle renvoyé son ancienne femme-de-chambre, qui leur servait de gouvernante ?

AMBROISE.

Parce qu'elle s'occupait trop de vos enfans, et... pas assez de la parure de Madame. Mais je suis forcé de l'avouer, vous arrivez assez tôt pour empêcher que l'exemple de celle-ci ne détruise dans leur cœur les bons principes que la première y a laissés.

FLORVILLE *très-ému.*

Explique-toi ?

AMBROISE.

Vous le dirai-je? cette Lisette a l'imprudence de répéter devant les enfans ce que Madame dit..... sans y songer, de son père.

FLORVILLE.

Cette Lisette est jeune, sans expérience; elle ignore l'art d'élever des enfans, de former leur caractère. Mais ma femme, qui parle avec mépris de son père, est plus que légère; et sans doute mon retour lui a causé un peu de peine. En effet, quel mari pour une femme à la mode, qu'un homme franc et sensible, qui se souvient de son état, et ne regarde les dons de la fortune que comme des moyens d'augmenter ses jouissances, en augmentant ses bienfaits!

AMBROISE, *avec chaleur.*

Ah! vous allez trop loin. Madame a pu s'égarer, mais son cœur n'a pu changer à ce point: elle n'a cessé de parler de vous en votre absence....

FLORVILLE.

On vient.

AMBROISE.

Ce sont vos enfans.

SCÈNE II.

LES PRÉCÉDENS, AUGUSTE, JULIE.

JULIE.

BONJOUR, mon papa; comment avez-vous passé la nuit?

AUGUSTE.

Bonjour, mon cher papa.

FLORVILLE, *les embrassant.*

Bonjour, mes enfans. Vous vous êtes levés un peu tard aujourd'hui.

AUGUSTE.

Ce n'est pas notre faute; nous ne pouvons sortir de notre chambre que quand on nous le permet. — Bonjour, Ambroise.

FLORVILLE.

Et pourquoi ne demandez-vous pas la permission de vous lever tous les jours de bonne heure? Cela vous ferait du bien.

AUGUSTE.

Oh! maman dit que nous l'embarrassons; cependant nous ne faisons pas grand bruit, car nous restons toute la matinée dans la chambre de notre grand papa, ou dans le jardin, à courir avec lui.

FLORVILLE.

Avez-vous embrassé votre maman ce matin?

JULIE, *embarrassée.*

Mon papa....

FLORVILLE.

C'est fort mal. — Qu'as-tu, Auguste? Tu pleures, je crois?

AUGUSTE, *avec peine.*

Mon cher papa....

FLORVILLE.

Que t'a-t-on fait, mon enfant?

AUGUSTE, *pleurant.*

Quand nous avons été habillés, j'ai dit à ma sœur: « Julie, » allons souhaiter le bonjour à maman. » Nous sommes entrés doucement dans sa chambre pour la surprendre; elle était à sa toilette; en me jetant dans ses bras pour l'embrasser, j'ai dérangé un peu sa coiffure, et....

FLORVILLE.

Eh bien!...

AUGUSTE.

Et elle m'a donné un soufflet bien fort, en me disant que j'étais un sot et un mal-adroit.

FLORVILLE, *à part.*

Quel excès!...

AMBROISE, *bas.*

Contenez-vous, songez....

FLORVILLE, *se contraignant.*

Une autrefois il faudra prendre garde....

AUGUSTE.

Ce n'est pas le soufflet qu'elle m'a donné qui me fait pleurer, mais c'est que je crains qu'elle ne m'en veuille toute la journée; parce que je sais que quand on la décoiffe un peu, cela lui fait bien de la peine.

FLORVILLE.

Ne crains rien : je ferai ta paix avec elle.

AUGUSTE.

Je t'assure que je le mérite par mon application à mes devoirs : maman ne sait pas cela, parce qu'elle n'assiste jamais à nos leçons; mais te voilà de retour, tu nous rendras justice.

COUPLETS.

Ah ! tu seras bien satisfait
Des progrès de ma sœur Julie;
Elle lit, écrit au parfait.
Moi, depuis quelque tems, j'oublie.
Toujours des yeux dans le dessin,
Toujours des mots dans la science :
Si je perds un peu mon latin,
Je suis très-savant.... dans la danse.

Comme nous allons profiter
Sous les yeux du plus tendre père !
Ah ! nous allons nous disputer
A qui fera mieux pour te plaire.
Oui, je reprends mon rudiment,
Encouragé par ta présence,
Et je réponds qu'avant un an
Je suis un docteur.... dans la danse.

JULIE.

Ambroise ! sais-tu où est mon bon papa ?

AMBROISE.

Je crois qu'il est déja au jardin.

AUGUSTE.

C'est bon, nous allons l'y trouver, et nous déjeûnerons ensemble. (*Prenant la main d'Ambroise.*) Adieu, Ambroise; je t'aime bien, va, parce que tu aimes bien mon bon papa.

AMBROISE.

Ces pauvres enfans! quel bon naturel!

SCÈNE III.

FLORVILLE, AMBROISE.

FLORVILLE, *agité.*

Tu viens d'entendre, Ambroise! Quand tu ne m'aurais rien appris, ce trait d'indifférence et de coquetterie aurait suffi pour achever de dessiller mes yeux sur la conduite de ma femme.

AMBROISE.

J'ai vu votre agitation; j'ai craint que vous ne fissiez paraître votre mécontentement....

FLORVILLE.

Non, non, je sais me contenir, et je suis résolu de tout entreprendre pour la corriger. Il paraît que mes enfans n'ont d'autres amusemens, d'autres plaisirs, que ceux qu'ils partagent avec le père de ma femme!

AMBROISE.

Il est vrai, et depuis qu'il est ici, ils ne sont pas autant à plaindre: Madame.... les néglige, leur Bonne les maltraite; mais ils se consolent de tous ces petits désagrémens, en jouant en cachette tous les soirs avec lui.

FLORVILLE, *étonné.*

Comment!

AMBROISE, *avec mystère.*

On les fait coucher de très-bonne heure pour en être plutôt débarrassé; mais leur Bonne est à peine sortie qu'ils se lèvent, vont le chercher, et jouent dans cette chambre à de petits jeux, tandis qu'on les croit dans leur lit.

FLORVILLE.

Tu plaisantes !

AMBROISE.

Je les ai surpris plusieurs fois dans cette agréable occupation; mais je leur ai promis le secret; ainsi n'allez pas me trahir.

FLORVILLE.

Ne crains rien. — Le père Candor va donc se coucher de bien bonne heure?

AMBROISE.

En même temps que les enfans, et ce soir ils se coucheront, je gage, plus tôt qu'à l'ordinaire, à cause de la fête que Madame vous donne.

FLORVILLE, *très-étonné.*

Une fête !

AMBROISE.

Quoi ! vous ne savez pas?... Excusez, j'ai eu tort de parler; elle voulait peut-être vous surprendre.

FLORVILLE.

Tu peux continuer, puisque, sans le vouloir, tu m'as instruit.

AMBROISE.

Eh bien ! je sais que Madame a invité toutes les personnes qui composent sa société ordinaire, à un grand souper qu'elle donne ce soir pour célébrer votre heureux retour, et qu'il y a bal, jeu et feu d'artifice; mais en exigeant de moi ce détail, vous vous ôtez le plaisir de la surprise.

FLORVILLE, *rêvant.*

Au contraire.... je songe.... L'idée est fort bonne.... Oui, je peux prétexter....

AMBROISE.

N'allez pas dire....

FLORVILLE.

Non, Ambroise, je ne ferai point un mauvais usage de tout

ce que tu m'as appris ; sois tranquille.... Dis à mon cocher de mettre les chevaux à huit heures.

AMBROISE.

Mais, cette fête....

FLORVILLE.

Toi-même répands dans la maison, mais sans affectation, que je soupe ce soir à Paris.

AMBROISE.

Songez....

FLORVILLE.

Je songe à tout.... On vient, c'est sûrement ma femme ; prends garde qu'elle ne te voie.... (*Ambroise sort.*) Contraignons-nous, et feignons d'avoir un engagement pour ce soir qu'il m'est impossible de remettre.

SCÈNE IV.

Mad. FLORVILLE, *en peignoir*, FLORVILLE.

FLORVILLE.

J'ALLAIS passer chez toi, ma bonne amie, quand on m'a dit que tu étais à ta toilette.

Mad. FLORVILLE.

Je m'y suis mise ce matin de bonne heure, pour être en état de recevoir les personnes qui viendront te féliciter sur ton heureux retour.

FLORVILLE.

Je n'attends personne : l'impatience où j'étais de revoir ma femme et nos enfans, m'a fait prendre la poste à Bordeaux, le jour même où j'y suis débarqué, et je n'ai pas encore eu le temps d'informer nos amis de mon arrivée.

Mad. FLORVILLE.

Il y en a quelques-uns à qui il sera inutile de la marquer, et que je n'ai point vus pendant ton absence.... leur état....

FLORVILLE.

Est sans doute le même qu'avant mon départ, et mon cœur est le même aussi.

Mad. FLORVILLE

Oui, mais tu sais qu'il y en a, dont le peu de fortune....

FLORVILLE.

Ah! l'accroissement de la mienne me fait un devoir de les accueillir avec plus d'amitié qu'auparavant; les abandonnerais-je, quand je peux leur être utile? Non, ma femme, celui qui nous aima dans la médiocrité est le véritable ami.

Mad. FLORVILLE.

Comment as-tu trouvé l'ameublement du sallon de compagnie et de ta chambre à coucher?

FLORVILLE.

Tu l'as choisi, et c'est assez pour qu'il soit de mon goût; j'y aurais cependant desiré un peu plus de simplicité. Cette maison n'est, à la vérité, qu'à une demi-lieue de Paris, mais elle n'en est pas moins regardée comme une maison de campagne; c'est pourquoi l'ancien meuble, quoiqu'un peu simple, lui convenoit assez. — Ah! j'ai remarqué en entrant dans ma chambre, qu'en faisant des changemens, on avoit oublié d'y replacer ce qui en faisait le plus bel ornement.

Mad. FLORVILLE.

Quoi donc?

FLORVILLE.

Le portrait de ton père; je suis étonné que cet oubli ne t'ait pas frappé.

Mad. FLORVILLE.

Je l'ai fait ôter, parce qu'il était si mal peint et dans un costume....

FLORVILLE.

Il était ressemblant: je le tenais de lui; c'en est assez pour me rendre ce tableau bien précieux: je te serai obligé de l'y faire replacer. (*A part.*) Mettons notre projet à exécution. — A propos, je ne sais si je t'ai dit que je soupe ce soir à Paris?

Mad. FLORVILLE *avec aménité.*

Ce soir?... Comment!... A peine arrivé, après deux ans d'absence, tu veux?...Ah! les premiers jours m'appartiennent, et c'est un caprice...

FLORVILLE.

C'est un engagement sacré.

Mad. FLORVILLE.

Oh! tu penses bien que je ne me départirai pas de mes droits.

FLORVILLE.

C'est une permission que je te demande et que tu ne peux me refuser, car il m'est impossible...

Mad. FLORVILLE *avec grace.*

Impossible, soit; mais je ne te l'accorderai pas, et tu souperas ici.

FLORVILLE.

Pour la première fois, tu me permettras de te désobéir; après cela, tu seras libre de me retenir quinze jours de suite.

Mad. FLORVILLE.

Il n'est point d'engagement de cette nature que l'on ne puisse remettre.

FLORVILLE.

Celui-ci ne peut souffrir de retard, et ma parole est engagée.

Mad. FLORVILLE.

Tu piques ma curiosité : quel est donc ce souper si pressant?

FLORVILLE.

Il ne m'est pas permis de te nommer la personne chez laquelle je soupe; mais c'est une jeune femme qui vit dans un quartier retiré, avec ses enfans et son père, qui la consolent de l'absence d'un époux qu'elle chérit, et qui a été obligé de traverser la mer pour une affaire d'honneur. Je fis la connaissance de ce jeune homme chez un de ses parens, à St.-Domingue; lors de mon départ, il me chargea de donner de ses nouvelles à sa femme, et de lui remettre quelque argent qu'elle attend avec impatience; je lui donnai ma parole qu'il ne s'écoulerait pas deux jours après mon arrivée, sans que je me fusse acquitté de cette commission, qui me flattait beaucoup; en arrivant, j'ai écrit à la jeune femme, et elle m'attend ce soir.

Mad. FLORVILLE.

Eh bien! il faut lui écrire de suite que vous irez demain.

FLORVILLE.

J'ai donné ma parole; et quand je n'aurais fait qu'une simple promesse, elle n'en serait pas moins sacrée vis-à-vis d'un ami.

Mad. FLORVILLE.

Voilà un refus bien obstiné pour une cause bien légère. — (*Avec effort.*) Mais écoutez... J'ai invité toute ma société à une fête que je donne pour vous, et vous n'aurez pas, je pense, la malhonnêteté d'y manquer?

FLORVILLE.

Pourquoi m'avoir dit ton secret? Cette idée diminuera le plaisir que je me promets de goûter ce soir.

Mad. FLORVILLE.

Point d'ironie, s'il vous plait.

FLORVILLE.

Non: je parle sincèrement. Songe donc que je souperai avec la femme, le père, les enfans de mon ami; que je tiendrai-là sa place; qu'ils croiront l'entendre parler par ma bouche; que chaque mot qui aura quelque rapport à lui, sera dévoré par toute sa famille qui l'idolâtre. Conçois-tu un plus beau rôle, si ce n'est celui de l'époux lui-même?

Mad. FLORVILLE.

C'en est trop. Ce refus cache un mystère; et si vous vous obstinez encore...

(*Le Père Candor et les enfans entrent.*)

SCÈNE V.

LES PRÉCÉDENS, le Père CANDOR, *tenant* AUGUSTE *et* JULIE *par la main.*

Mad. FLORVILLE, *avec dépit, mais sans aigreur.*

AH ! mon père ! vous venez dans un moment....

Le Père CANDOR, *voulant sortir.*

Je me retire... Venez, mes enfans, retournons au jardin.

FLORVILLE *l'arrêtant.*

Non, mon père, non, vous ne pouvez jamais être de trop dans nos conversations. — Ma femme, vous n'avez pas de meilleur ami que celui qui vous donna le jour.

Le Père CANDOR.

Vous lisez dans mon cœur, mon cher Florville.

FLORVILLE.

Appelez-moi votre fils, ou je croirai que vous m'en voulez. —Eh bien ! vous venez du jardin avec vos petits enfans ; ils vous ont fait enrager, je gage ?

AUGUSTE.

Ah ! mon dieu ! non ; quand nous sommes avec notre grand papa, nous sommes toujours sages.

Le Père CANDOR.

Cela est vrai. Depuis que je suis ici, je vais tous les matins au jardin avec eux ; ils me tiennent l'échelle, je leur cueille des fruits ; nous déjeûnons ensemble, et je mange de meilleur appétit.

FLORVILLE.

Ils vous donnent bien de la peine.

Le Père CANDOR.

De la peine !

FLORVILLE *avec ironie.*

Oui, mon père, leur mère est occupée aux petits détails du ménage, et n'a pas le temps de veiller sur eux.

Mad. FLORVILLE *bas.*

Songez. . . .

FLORVILLE *avec aménité.*

Vous seul, vous seul prenez le soin de les dissiper, de les amuser; mais j'espère que quand je serai débarrassé de quelques affaires importantes, je le partagerai avec vous.

Le Père CANDOR.

Et vous appelez cela de la peine?

COUPLETS.

Il n'est que trop vrai, la vieillesse
Nous rapproche des premiers ans:
Aimables soins, douce caresse,
Je trouve tout dans ces enfans.
Leur ame est encor simple et pure,
Et je dis, voyant leurs égards:
Ah! le respect pour les vieillards
Est sans doute dans la nature.

FLORVILLE.

Vous pourriez en douter? Ah! je sens à mon cœur....

CANDOR.

La vieillesse est si dédaignée
Lorsqu'on approche de Paris;
Ah! mon ame en fut indignée,
Mais je dévorai le mépris.
Mon fils, j'étouffai tout murmure,
Et dis, détournant mes regards:
Quoi! le respect pour les vieillards
N'est-il donc pas dans la nature?

Votre retour, la tendre piété de ces enfans ont ramené mon cœur, et vous disiez que les petits soins que je leur rends sont une peine? ah! mon fils, vous sentirez un jour que c'est un grand plaisir.

FLORVILLE.

Eh bien! ce plaisir, je prétends dans quelques jours le partager avec vous.

Le Père CANDOR, *avec peine.*

Dans quelques jours.... vous le goûterez seul.

FLORVILLE, *étonné.*

Expliquez-vous?

Mad. FLORVILLE, *embarrassée et avec peine.*

Mon père veut dire que cette campagne qui est aux portes de Paris, est trop bruyante pour lui; et comme je me suis apperçue qu'il s'y déplaisait, et que d'ailleurs il n'est venu que pour passer quinze jours....

Le Père CANDOR, *avec douleur.*

Il est vrai... et les quinze jours expirent demain.

AUGUSTE, *au père Candor.*

Demain? Tu ne nous avais pas dit cela?

Mad. FLORVILLE, *avec dépit et à demi-voix.*

Taisez-vous, Auguste.

FLORVILLE, *avec douceur.*

Écoutez, ma bonne amie; votre père est venu passer ici quinze jours pour vous voir seulement?

Mad. FLORVILLE.

Et.... pour se dissiper.

FLORVILLE.

Vous ne pensiez pas que j'arriverais dans ce court espace de temps; mais enfin le ciel l'a voulu, et je l'en remercie...S'il lui prenait envie d'y passer quinze autres jours pour moi à présent.

Le Père CANDOR, *avec chaleur.*

Ah! si ma fille....

FLORVILLE *vivement.*

Allons, allons, voilà qui est arrêté. (*A sa femme, avec une gaîté mêlée d'ironie.*) Eh bien! il restera. (*Au père Candor.*) Et si au bout de ce temps vous êtes accoutumé à ce pays-ci, vous y resterez tant quil vous plaira.

JULIE.

Mon papa, comme nous vous aimons!

AUGUSTE.

Tu resteras tant que tu voudras. Ah! reste toujours ; tu vois que mon papa t'aime bien.

Le Père CANDOR, *vivement.*

Et votre mère aussi, mes enfans, m'aime bien.... Je resterai tant que vous voudrez.

AUGUSTE et JULIE.

Oh! toujours, toujours.

Le Père CANDOR.

Ces pauvres enfans! Est-ce qu'il est possible de ne pas les aimer?

Mad. FLORVILLE *à part, avec douleur.*

Quelle souffrance!

AUGUSTE *bas.*

Mon papa, avez-vous fait ma paix avec maman?

FLORVILLE.

Sois tranquille, elle ne t'en veut pas. (*Au père Candor.*) Mon père, si vous êtes libre ce matin, nous irons ensemble faire un tour du côté de ce petit bois....

AUGUSTE, *gaîment.*

Où nous allâmes hier? près de ce vieux mur où il y a un nid de pierrots? Oh! je le reconnaîtrai bien.

FLORVILLE.

Oui, justement. Va chercher ton chapeau, et nous irons tout de suite. (*Auguste sort en sautant.*)

Le Père CANDOR.

C'est un peu loin et ma fille n'y viendra pas, sans doute?

FLORVILLE, *avec ironie.*

Non, elle donne à souper ce soir, et elle n'a pas trop de temps....

Mad. FLORVILLE, *avec un dépit qu'elle cherche à cacher.*

Non, mon père, je n'irai point.

ELORVILLE.

Allez, père Candor, je vous suis, et nous nous promenerons jusqu'au dîner. (*Julie sort en courant, le père Candor court après elle.*)

SCÈNE VI.

FLORVILLE, Mad. FLORVILLE.

FLORVILLE.

Vous, ma bonne amie, songez à tout préparer pour bien recevoir votre monde; que mon absence ne trouble point la fête; j'arriverai peut-être avant qu'elle soit tout-à-fait finie.

Mad. FLORVILLE, *avec peine.*

Un moment. Voyez quelle sera mon humiliation ! songez que c'est prouver à toute ma société, non-seulement le peu de pouvoir que j'ai sur votre cœur, mais encore le peu de cas que vous faites des personnes qui la composent.

FLORVILLE.

Tu m'excuseras, en leur disant mes raisons.

Mad. FLORVILLE, *avec abandon.*

On les croira feintes, et je n'en trouverai pas d'assez fortes pour vous excuser; il n'en existe point.

FLORVILLE.

J'ai donné ma parole.

Mad. FLORVILLE.

Ce voyage d'outre-mer vous a changé, et vous ne vous appercevez pas que votre manière d'agir avec moi....

FLORVILLE, *avec tranquillité.*

Est la même qu'avant mon départ, et mes sentimens pour toi ne sauraient changer.

Mad. FLORVILLE, *avec chaleur.*

Craignez de me donner des soupçons....

FLORVILLE, *toujours avec tranquillité.*

Ton cœur est incapable de douter du mien; mais je vais rejoindre ton père et nos enfans, et à notre retour, j'espère que tu auras oublié....

Mad. FLORVILLE, *avec douleur.*

Je ne l'oublierai de ma vie. Un mot encore....

FLORVILLE, *avec douceur et aménité.*

Ce serait vainement.... Adieu, tu sais qu'ils m'attendent.

(Il s'arrête au fond, et fait des signes de contentement.)

SCÈNE VII.

Mad. FLORVILLE, *seule.*

Il ne m'écoute pas; il me laisse livrée à l'incertitude la plus cruelle. Les promesses qu'il a faites à un ami, pourraient l'emporter sur sa tendresse pour moi ! ou plutôt cette femme....

RÉCITATIF.

O ciel ! quelle idée accablante !
Quoi ! cette femme intéressante
Aurait elle su le charmer ?
Ah ! par ce doute affreux, cessons de m'alarmer.

AIR.

Dissipe une erreur passagère,
Douce paix, viens calmer mon cœur :
Je suis épouse, je suis mère;
C'est un double titre au bonheur.

J'ai retrouvé son caractère :
Il est toujours affable et doux;
Il est bon fils et tendre père,
Peut-il être infidèle époux ?

Dissipe une erreur passagère,
Douce paix, etc.

Je le sens trop, je fus légère;
Pardonne une cruelle erreur.

Je puis bien renoncer à plaire,
Mais non renoncer à ton cœur.

Dissipe une erreur passagère,
Douce paix, viens calmer mon cœur :
Je suis épouse, je suis mère ;
C'est un double titre au bonheur.

Ah ! je cherche en vain à dissiper mon trouble. (*Avec douleur.*) Je ne suis point jalouse de mon époux; mais s'il m'estimait assez peu pour me donner une rivale, cette humiliation m'arracherait la vie.

(*Elle tombe accablée dans un fauteuil.*)

SCÈNE VIII.

Mad. FLORVILLE, LISETTE, ensuite LAFLEUR.

TRIO.

LISETTE, *accourant par le fond.*

Venez, venez voir, je vous prie,
On apporte l'habit de bal :
Il vous plaira, je le parie ;
Je n'ai jamais rien vu d'égal.

LAFLEUR, *entrant par le côté.*

J'arrive à l'instant de la ville ;
J'ai retenu les concertans.
Pour les fêtes, je suis habile :
Les convives seront contens.

FLORVILLE.

Hélas ! avez-vous vu Florville ?

LISETTE, LAFLEUR, *surpris.*

Qu'est-il donc arrivé ? D'où naît votre douleur ?

Mad. FLORVILLE.

Le cruel déchire mon cœur :
Il ne sera pas à la fête.

LISETTE, LAFLEUR.

Quand c'est pour lui qu'elle s'apprête,
Il arrive, et déja troublant votre bonheur?...

Mad. FLORVILLE.

On l'attend à souper... une femme charmante...

LISETTE, LAFLEUR, *avec le plus grand étonnement.*

Une femme charmante!
O ciel! qui peut vous avoir dit?...

Mad. FLORVILLE *à soi-même.*

L'incertitude me tourmente.
Je me trahis par mon dépit.

LISETTE.

C'est quelque aimable connaissance
Qu'il a faite en venant en France.

LAFLEUR.

Dans le même vaisseau tous deux
On s'amuse à de petits jeux.

Mad. FLORVILLE, *vivement.*

Quoi! vous pensez?...

LISETTE, LAFLEUR, *l'un à l'autre.*

Paix donc, silence.

Mad. FLORVILLE.

Vous m'ôtez jusqu'à l'espérance.
Je n'osais m'avouer... ô douleur! ô souffrance!

(*Avec force, à part.*)

Sortons, sortons d'un doute affreux.

(*A Lafleur.*)

Ah! dès ce soir il faut suivre Florville.

LAFLEUR, LISETTE.

C'est / Très bien.

Mad. FLORVILLE.

Et découvrir, mais en secret,
Le nom, l'état....

LAFLEUR, LISETTE.

Je suis / Il est au fait.

Mad. FLORVILLE.

De cette femme trop habile.

LAFLEUR.

Pour ces tours-là je suis habile.

LISETTE.

Oh ! pour ces tours il est habile.

Mad. FLORVILLE.

Ah ! vous voyez mon désespoir.

LAFLEUR, LISETTE.

Oui, oui, vous saurez tout ce soir.

Mad. FLORVILLE.

O dieu ! qui vois ma souffrance,
Viens me rendre l'espérance ;
Soutiens-moi jusqu'à ce soir,
Sauve-moi du désespoir.

LAFLEUR, LISETTE.

Comptez sur notre prudence
Et sur mon / son intelligence,
Ah ! pour perdre tout espoir
Attendez jusqu'à ce soir.

(Elle sort par le fond ; Lisette la suit ; Lafleur sort à droite.)

Fin du premier Acte.

ACTE II.

MÊME DÉCORATION.

(Il est nuit.)

SCÈNE PREMIÈRE.

LAFLEUR, *ensuite* LISETTE.

(Lafleur entre par la droite et apperçoit de la lumière dans la chambre du fond; il en entr'ouvre la porte; Lisette vient le trouver en apportant un flambeau qu'elle pose sur la table de l'avant-scène.)

LISETTE *avec surprise.*

COMMENT! tu n'as pas suivi l'infidèle Florville?

LAFLEUR.

Il y a plus d'une demi-heure qu'il est parti; il faisait encore jour; et Ambroise, qui était derrière la voiture, aurait pu m'appercevoir.

LISETTE.

Que va dire Madame?

LAFLEUR.

Tu vois que ce n'est pas manque de bonne volonté, puisque je suis tout botté; d'ailleurs, ma chère Lisette, le mari qui a été en bonne fortune, m'aurait peut-être fait courir tout Paris; et c'était une soirée perdue, tandis que nous pouvons l'employer agréablement. Champagne et la Jeunesse sont dans l'antichambre: ils annoncent; on va bientôt jouer, tu seras libre; on me croit à Paris, et nous pourrons causer. J'ai bien des choses à te dire.

LISETTE *à Julie.*

Je vais tout-à-l'heure me débarrasser des enfans.

LAFLEUR.

L'arrivée de Florville dérange un peu notre petite fortune; il a l'air rangé, économe; d'ailleurs ce vieux Ambroise que Madame maltraitait en son absence, va rentrer en crédit; et si tu m'en crois nous quitterons le service. Quand ceux qu'on sert deviennent sages, les domestiques sont bientôt misérables; qu'en penses-tu, Lisette?

LISETTE.

Je crois que tu as raison, mon cher Lafleur. Oui, voilà le mari arrivé; plus de jeux, plus de bals...

LAFLEUR.

Conséquemment plus de profits. Si tes épargnes sont aussi considérables que les miennes, nous en aurons assez, et...

LISETTE.

Je gage pour le double. La folie des coquettes est le patrimoine des femmes-de-chambre prudentes. Tu m'entends?

LAFLEUR.

Je te l'ai déja dit: si tu veux joindre nos petites fortunes en joignant notre sort, je te promets de doubler nos fonds avant un an.

LISETTE.

Ah! tu exagères.

LAFLEUR.

COUPLETS.

Moi de l'esprit, toi de la grace,
De plus, un peu d'argent comptant;
Joins à cela beaucoup d'audace,
Que faut-il de plus, mon enfant?
Je connais tant de bons apôtres,
Qui comme nous, las de servir,
Avaient bien moins pour s'enrichir....
Bon! nous ferons comme tant d'autres. (*Bis.*)

J'admire déja ta tournure ;
Moi, je vais comme bien des gens,
Sans désemparer la voiture,
Du derrière sauter dedans.
Quels destins vont être les nôtres !
Ah ! de l'antichambre au sallon,
Il n'est qu'un seul pas, nous dit-on ;
Nous le ferons comme tant d'autres. (*Bis.*)

(*Avec l'air effrayé, après avoir écouté.*)

Je crois entendre Madame, que dire ? que faire ?

SCÈNE II.

LES PRÉCÉDENS, Mad. FLORVILLE *très-parée.*

Mad. FLORVILLE.

COMMENT ? les enfans ne sont pas encore couchés ?

LISETTE.

Madame.... j'allais...

Mad. FLORVILLE.

Ah ! Lisette, tu ne peux concevoir ce que je souffre : j'ai voulu jouer, à chaque instant je faisais des fautes. Si tu avais vu mon embarras, quand on m'a demandé où était mon mari... Comment ! vous voilà Lafleur ?

LAFLEUR, *embarrassé.*

Oui, Madame... me voilà.

LISETTE.

Il arrive à l'instant.

Mad. FLORVILLE, *vivement.*

Eh bien ! l'avez-vous suivi ? l'avez-vous vu entrer ? où ? Comment se nomme-t-elle ?

LAFLEUR.

Madame....

LISETTE.

Il m'a dit.... qu'il l'avait suivi d'aussi loin qu'il avait pu.... pour qu'Ambroise....

Mad. FLORVILLE.

Eh bien ! où est il descendu ?

LAFLEUR.

Dans... dans une rue, Madame.

Mad. FLORVILLE.

J'entends bien ; mais comment se nomme-t-elle ?

LAFLEUR.

Elle se nomme.... la rue...

Mad. FLORVILLE.

Quel est son état ?

LAFLEUR.

Vous confondez, Madame ; je ne sais ni son nom, ni son état.

Mad. FLORVILLE.

Pourquoi l'avez-vous donc suivi ?

LISETTE, *embarrassée.*

Il dit... qu'aussitôt qu'il est entré dans la maison.... Ambroise est resté sur la porte.

Mad. FLORVILLE.

Ambroise !... le misérable.... protéger les intrigues. . — Il est resté, dites-vous, sur la porte ?

LAFLEUR.

Oui, Madame, sur la porte.... de l'hôtel.

Mad. FLORVILLE.

De l'hôtel ? c'est donc une personne riche ?

LAFLEUR.

Mais... oui... Je n'en sais rien, Madame.

Mad. FLORVILLE.

Vous êtes un sot.... Quelle perplexité !.... Reconnaîtriez-vous la maison où il est descendu ?

LISETTE.

Oh ! oui, Madame... demain, si vous voulez...

Mad. FLORVILLE *avec chaleur.*

Demain, Lisette?... Ce soir, à l'instant.—Prenez un cheval, retournez dans la rue où vous l'avez vu descendre ; attendez qu'il soit sorti ; informez-vous du nom, de l'état, du pays de la Dame... Voilà ma bourse, partagez avec les domestiques de la maison, et ne revenez que bien instruit.

LAFLEUR *va, pour sortir et revient.*

Mais... Madame, si...

Mad. FLORVILLE.

Quoi ! que voulez-vous encore?

LAFLEUR.

Si.... votre époux....

Mad. FLORVILLE.

Eh bien ?

LAFLEUR.

Ne sortait pas de la maison ?

Mad. FLORVILLE.

S'il ne sortait pas ! . . . Il semble qu'il se plaise à me désespérer. — Allez et ne paraissez devant moi qu'avec des renseignemens certains.

LAFLEUR *en sortant.*

Allons. . . (*Regardant la bourse.*) l'excellent métier! on paie jusqu'à nos mensonges. (*Il sort.*)

SCÈNE III.

Mad. FLORVILLE, LISETTE, JULIE et AUGUSTE.

Mad. FLORVILLE, *s'asseyant.*

Ah ! Lisette, suis-je assez humiliée !

AUGUSTE, *entrant par le fond.*

Ma Bonne, nous avons soupé.

Mad. FLORVILLE.

Un instant. Ne voyez-vous pas que votre Bonne est avec moi?

JULIE.

Est-ce que vous avez du chagrin, maman?

Mad. FLORVILLE, *avec impatience.*

Taisez-vous.... Pourquoi ne les avoir pas couchés?

LISETTE.

J'allais les sortir de table quand Lafleur est arrivé; je les coucherai aussitôt que vous aurez rejoint votre société.

Mad. FLORVILLE *à part.*

Le parjure!

JULIE.

Vous pleurez, maman?

Mad. FLORVILLE *avec humeur et confusion.*

Taisez-vous, vous dis-je, vous n'ouvrez la bouche que pour dire des sottises.

AUGUSTE *bas à Julie.*

Tais-toi donc. Est-ce que tu ne vois pas que maman a de l'humeur?

Mad. FLORVILLE *se levant avec précipitation et essuyant ses larmes.*

J'entends du bruit. Je crains de paraître, tant je suis agitée.

LISETTE.

Remettez-vous? C'est le père Candor qui va se coucher.

SCÈNE IV.

LES PRÉCÉDENS, le Père CANDOR, *un bougeoir à la main.*

Mad. FLORVILLE *avec étonnement.*

COMMENT! mon père, il y a une heure qu'il fait nuit... Je croyais que vous reposiez.

Le Père CANDOR.

Je me suis amusé à voir les préparatifs du bal et du feu d'artifice.

AUGUSTE et JULIE, *gaîment.*

Un feu d'artifice? Est-ce que nous ne le verrons pas, maman?

Mad. FLORVILLE.

Lisette, couchez-les. (*Au père Candor.*) Pourquoi parler de cela devant les enfans? (*Lisette amène les enfans au fond du théâtre, et défait leur coiffure.*)

Le Père CANDOR.

Et vous, ma fille, pourquoi les priver d'un plaisir qu'il vous coûte si peu de leur procurer?

Mad. FLORVILLE.

Je suis assez raisonnable pour gouverner seule mes enfans, et je suis étonnée, mon père....

Le Père CANDOR.

Point d'humeur. Je vous cherchais pour vous dire que la compagnie était inquiète de vous.

Mad. FLORVILLE, *avec peine et étonnement.*

Est-ce que quelqu'un vous a parlé?

Le Père CANDOR.

Oui. Une jeune dame, très-brillante, s'est adressée à moi, et m'a dit : mon ami, savez-vous ce qu'est devenue madame Florville?... Je lui ai répondu assez indifféremment, que je n'en savais rien. Peut-être m'a-t-elle pris pour un de vos domestiques; la méprise est pardonnable.

Mad. FLORVILLE *émue.*

Mon père!...

Le Père CANDOR.

AIR.

Ah! je méprise cette injure;
J'en éprouvai d'autres en ce séjour.
Elle ignorait sans doute que la bure
Couvre celui qui vous donna le jour.

J'aurais pu par ces mots repousser l'impudence :
Quand le vice enrichi vient de frapper mes yeux ;
L'habit simple de l'indigence
Doit couvrir l'homme vertueux.

(Avec émotion.)

Adieu.—Pour vous au ciel chaque jour je demande
Que vos enfans remplissant vos souhaits ;
Ah! ne vous méprisent jamais,
Car c'est une peine bien grande.

(Aux enfans avec la plus vive émotion.)

Chérissez votre mère, oh! oui, respectez-la,
Mes chers enfans, le ciel vous bénira.

(Il entre dans sa chambre ; les enfans attendris vont tristement retrouver Lisette.)

SCENE V.

LES PRÉCÉDENS, *hormis* le Père CANDOR.

AUGUSTE, *à Lisette.*

MA Bonne, il pleure notre bon papa.

Mad. FLORVILLE *oppressée.*

Je ne puis respirer.

JULIE, *entrant dans sa chambre.*

Bon soir, maman.

AUGUSTE, *entrant dans la sienne.*

Bon soir, ma petite maman.

Mad. FLORVILLE, *très-émue.*

Lisette, as-tu entendu mon père ?

LISETTE.

Non ; mais qu'avez-vous ? Vous pleurez, je crois.... Que vous a-t-il dit ? Quelque dicton, quelque vieille sentence ? Allons, allons, séchez vos larmes et allez rejoindre la compagnie ; un trente-un fera oublier tout cela. Pauvres femmes !

comme nous sommes faibles ! comme un rien nous émeut ! Parce qu'on a un père et des enfans, faut-il renoncer à tout plaisir ? Non, chaque âge a les siens : la vieillesse aime la tranquillité, l'enfance, le tumulte, et votre âge, la parure, le jeu, la société. Rentrez, croyez-moi, et ne songez ni à la perfidie de votre époux, ni aux froids raisonnemens du père Candor.

Mad. FLORVILLE, *avec sévérité.*

Lisette, vous vous oubliez. Allons, je vais tâcher de me distraire, car depuis que Florville est ici, je n'ai eu de moment agréable que celui de son arrivée.

(*Elle sort.*)

SCÈNE VI.

LISETTE, *seule.*

Ma pauvre maîtresse ! on dirait presque qu'elle est jalouse... jalouse de son époux ! c'est bien vouloir se rendre malheureuse. (*Allant à la porte de la chambre d'Auguste, puis à celle de Julie, et les appelant à demi-voix.*) Auguste. — Julie. — Ils dorment déja, c'est bon. Allons voir ce que Lafleur est devenu.

(*Elle souffle la bougie.*)

SCÈNE VII.

Le Théâtre est très-sombre.

AUGUSTE et JULIE.

AUGUSTE, *entr'ouvrant la porte de sa chambre.*

Elle est sortie... Allons, ma sœur.

JULIE, *entr'ouvrant la sienne.*

Tu es bien sûr que ma Bonne ?...

AUGUSTE, *à demi-voix.*

Oui, elle a emporté la lumière, elle ne pense plus à nous.

Allons frapper à la porte de notre grand-papa.... Donne-moi la main. (*Ils vont en tâtonnant du côté de la porte.*)

JULIE.

De quel côté ?

AUGUSTE.

A ta droite... Viens donc.

JULIE, *prenant Auguste par le bas de son habit.*

Ah! je te tiens.—Ce bon papa! il avait l'air bien triste quand il est entré dans sa chambre; je crains bien qu'il ne veuille pas jouer ce soir.

AUGUSTE.

Oh! que si: il est si bon! (*Arrivant à la porte.*) Attends... je crois que j'y suis. (*Il frappe doucement.*) Mon bon papa, mon bon papa.

Le Père CANDOR, *dans sa chambre.*

Un instant, un instant, mes enfans.

AUGUSTE, *très-gaîment.*

C'est bon. Entends-tu, il va venir.

JULIE.

Le bon papa! ça me fait bien de la peine quand maman lui parle durement.

AUGUSTE.

Et à moi donc. Tout-à-l'heure quand il nous a dit, bon soir, mes enfans, les larmes me sont venues aux yeux, j'allais pleurer... mais je me suis retenu, parce que maman était là. (*Il écoute.*) Mais... oui... je l'entends.

SCÈNE VIII.

Le Père CANDOR, JULIE, AUGUSTE.

Le Père CANDOR, *un bougeoir d'une main, et des cartes et une bourse de l'autre.*

Eh bien! mes enfans, vous venez donc chercher votre revanche? Je vous ai gagné hier au soir bien de l'argent.

(*Julie range la table.*)

AUGUSTE.

Oui, mais c'est égal, quand nous n'en avons plus, tu nous en donnes. (*Il allume les bougies.*)

Le Père CANDOR.

Et si vous me faites banqueroute? Si—Prenez garde de vous faire mal.—Si vous ne me payez pas?

JULIE.

Si nous ne te payons pas... Eh bien! tu t'en consoleras, parce que tu n'es pas avare, toi.—Auguste, apporte le fauteuil pour mon bon pàpa.

AUGUSTE.

Tiens, assieds-toi, tu dois être las, car nous t'avons bien fait courir ce matin.

Le Père CANDOR *s'asseyant.*

Il est vrai, mais cela me fait du bien.—Tenez, je n'ai rien oublié, voilà les cartes, et voilà notre petite fortune.—Julie, voilà ton argent; Auguste, voilà le tien, et voilà le mien. Je vais distribuer les cartes. Coupe, Julie, tu me porteras bonheur. (*Elle coupe.*) Allons, mes enfans, mettons au jeu! (*Ils mettent au jeu.*

TRIO.

AUGUSTE *jouant.*

C'est un beau jeu que la bataille.

JULIE *de même.*

Le joli jeu! le charmant jeu!

CANDOR.

En le jouant, on chante, on raille!

AUGUSTE.

En perdant même, on rit un peu.

ENSEMBLE.

C'est un beau jeu que la bataille.

AUGUSTE et JULIE.

Ils nomment alternativement chaque carte qu'ils jouent.

CANDOR, *jouant.*

Oh! oui, c'est ça, mes chers enfans.
Les jeux sont des amusemens.
Si, quand nous jouons en cachette,
L'un de vous avait de l'humeur,
Ou seulement un air boudeur:
Bon soir, oh! la partie est faite.

CANDOR et JULIE.

Ils nomment chacun à leur tour la carte qu'ils jouent.

AUGUSTE.

De l'humeur, et pourquoi?
Nous, bouder avec toi! ... —
Bataille. — Et puis, tiens, demande à Julie;
Ma sœur pense comme moi;
Nous gagnons à chaque partie
Le doux plaisir d'être avec toi.

JULIE.

Dix de carreau. — Prends donc mon frère.

CANDOR *ému.*

Les chers enfans!

AUGUSTE.

Allons, papa.

CANDOR.

L'excellent cœur!

JULIE.

Mais prends donc ça.

CANDOR *à part.*

Dieu, veille sur eux. (*Bas.*) Sur leur mère.

AUGUSTE, JULIE.

Au lieu de t'attrister, hélas!
Tiens, répète avec nous, tout bas:

ENSEMBLE.

C'est un beau jeu que la bataille.
Le joli jeu, etc.

CANDOR.

Mes amis, en jouant ainsi,
On ne fait pas grand mal, je pense.
De vos petits travaux, vous recevez ici
Une bien juste récompense.

AUGUSTE.

Depuis que tu vis avec nous,
On nous trouve plus raisonnables:

Et si ton cœur est si jaloux
Que nous soyons toujours aimables,
Il faut rester toujours.

CANDOR *à part.*

Il me serait bien doux...

JULIE.

Avec Auguste, avec Julie,
Il faut passer toute ta vie.

CANDOR, *très-ému.*

Cessons. — Pour chasser le chagrin,
Répétons le joyeux refrein :

ENSEMBLE.

C'est un beau jeu que la bataille;
Le joli jeu! le charmant jeu!
En le jouant, on chante, on raille;
En perdant même, on rit un peu.
C'est un beau jeu que la bataille.

CANDOR, *à part.*

Les charmans enfans! Quel cœur! Puissent-ils n'être jamais corrompus par les mœurs du siècle! puisse leur mère...

AUGUSTE.

Tu pleures, mon bon papa.

Le Père CANDOR.

C'est de plaisir, c'est de tendresse. (*A part.*) Leur amour peut seul me faire supporter l'indifférence de ma fille. Oui, sans vous, mes amis, je mourrais de douleur. (*Auguste pleure d'attendrissement.*)

SCÈNE IX.

LES PRÉCÉDENS, FLORVILLE, AMBROISE, *tenant un panier couvert.*

FLORVILLE, *bas, traversant dans le fond.*

Ils sont ensemble; cachons-nous de ce côté. Personne ne nous a vu, je pense?

AMBROISE *de même, bas.*

Non, soyez certain que tout le monde dans la maison nous croit à Paris.

FLORVILLE.

Écoutons. (*Ils restent au fond cachés.*)

Le Père CANDOR.

Qu'as-tu, Auguste? Allons, mon enfant, songe à ton jeu.

AUGUSTE, *pleurant et relevant les cartes.*

Je prends. — Oh! tu crois, parce que je suis jeune, que je ne vois pas ce qui te fait de la peine... Hier, quand je t'ai rencontré derrière la petite charmille, tu as cru que j'arrivais; tu as cru, parce que j'avais les yeux rouges, que maman m'avait grondé....

Le Père CANDOR, *ému.*

Eh bien?

AUGUSTE.

Eh bien! il y avait un quart-d'heure que je te voyais sans être vu; il y avait un quart-d'heure que je pleurais de te voir pleurer.

Le Père CANDOR, *vivement.*

Je pleurais, parce que...

AUGUSTE.

Oh! j'ai tout entendu... J'aime maman, mais je l'aimerais bien davantage, si elle t'aimait autant que nous.

Le Père CANDOR, *vivement.*

Elle m'aime, mes enfans, elle m'aime, j'en suis sûr.

AUGUSTE.

Tiens! mon papa, qui n'est pas ton fils, qui a été absent pendant deux ans, t'a fait plus de caresses à son arrivée, que maman depuis quinze jours que tu es ici; aussi je l'aime de tout mon cœur.

FLORVILLE, *toujours dans le fond, à part.*

Que ne les entendez-vous, ma femme?

Le Père CANDOR.

Les pauvres enfans! (*Regardant à sa montre d'argent.*) Comment! il est près de dix heures! nous avons causé plus long-temps qu'à l'ordinaire. (*Ils se lèvent.*)

FLORVILLE, *à Ambroise.*

Il est temps de paraître.

Le Père CANDOR.

J'entends du bruit.

FLORVILLE, *avançant.*

Ne craignez rien, mon père, c'est moi, c'est Ambroise.

Le Père CANDOR, *avec étonnement.*

Vous nous surprenez... J'espère que vous ne me saurez pas mauvais gré...

AUGUSTE, *vivement.*

Mon papa, c'est nous qui avons été le réveiller, ce n'est pas sa faute....

FLORVILLE.

Auguste, vous oubliez que votre grand-papa n'a pas besoin de se justifier vis-à-vis de moi.

Le Père CANDOR.

Vous avez resté peu de temps à Paris. Par quel hazard?...

FLORVILLE.

Je n'y suis point allé; je vous expliquerai cela; mais, avant tout, nous allons goûter ensemble d'un petit souper qu'Ambroise a apporté. (*Ambroise et les enfans arrangent le petit couvert.*)

AUGUSTE et JULIE, *ensemble gaîment.*

Un souper!

Le Père CANDOR.

Je ne comprends pas... Ma fille sait donc?...

FLORVILLE.

On ne sait rien. Vous voilà tout interdit. Est-il donc si

étonnant de voir un père, qui aime ses enfans, préférer un petit souper de famille à un grand repas d'étrangers? Allons, allons, mes amis. — (*Ils aident tous à mettre le couvert.*)

JULIE.

Et maman?

FLORVILLE, *à part.*

Elle m'embarrasse. (*Haut.*) Quelques affaires... Asseyons-nous, mon père; asseyez-vous, mes enfans; vous avez soupé; mais n'importe, vous vous coucherez un peu plus tard; et puis il n'est pas tous les jours fête.

AUGUSTE.

Oui, mon papa; d'ailleurs le plaisir donne de l'appétit.

FLORVILLE.

Julie a l'air tout interdit. — Ambroise, donne à boire à mon père.

AUGUSTE.

Mon papa, nous allons boire à votre retour. Allons, ma sœur. (*Ils trinquent.*)

FLORVILLE.

Mes amis, il y a long-temps que je n'ai eu ce plaisir; mais j'espère le renouveller souvent. (*Après avoir bu.*) A propos, vous savez que j'ai été chercher de l'argent; je suis riche à présent, et je me retiens pour jouer tous les soirs à la bataille avec vous.

AUGUSTE, *la bouche pleine.*

Vous prêterez donc de l'argent à mon bon papa, car il n'est pas riche, lui!

FLORVILLE.

Ton bon papa sait bien que l'argent que j'ai lui appartient. Oui, mes enfans, chaque fois que vos maîtres seront satisfaits de vos progrès, nous nous réunirons ainsi, pour passer ensemble des soirées bien agréables.

JULIE.

Oui, mais il faudra inviter maman.

FLORVILLE.

Sans doute : d'ailleurs, peut-être qu'avant peu c'est elle qui nous invitera à ces petites fêtes de famille.

AUGUSTE, *se levant.*

Nos progrès? Je t'ai parlé ce matin de la danse ; nous allons, si tu veux, te faire connaître ceux que nous avons faits dans le chant. Voilà le piano : allons, ma sœur, c'est moi qui accompagnerai. Chantons la romance de la BONNE MÈRE.

(*Il se met au piano; Julie se place près de lui.*

FLORVILLE *ému, à soi-même.*

De la bonne mère ? . . .

CANDOR, *à part.*

Dans quel moment !

AUGUSTE.

ROMANCE.

L'être le plus intéressant
Pour une ame sensible et pure,
Est l'être à qui sage nature
Commet le soin le plus touchant:
Le cœur le nomme et le révère,
C'est la tendre et bonne mère.

JULIE.

Celle qui du sein des douleurs
Nous fait la première caresse;
Celle dont l'active tendresse
En ris toujours change nos pleurs!
Le cœur la nomme et la révère,
C'est la tendre et bonne mère.

JULIE, AUGUSTE.

Celle qui depuis le berceau
Partage toutes nos alarmes,
Et qui, s'il lui reste des larmes,
Vient pleurer sur notre tombeau:
Le cœur la nomme et la révère,
C'est la tendre et bonne mère.

(*Florville et Candor attendris se sont approchés peu à peu des enfans ; ils répètent avec eux la fin de la romance.*)

ENSEMBLE.

Le cœur la nomme et la révère,
C'est la tendre et bonne mère.

(*Florville les serre dans ses bras ; Candor et Ambroise pleurent d'attendrissement, et ils sont dans cette situation, lorsque madame Florville entre.*)

SCÈNE X et dernière.

LES PRÉCÉDENS, Mad. FLORVILLE, LISETTE.

Mad. FLORVILLE *en entrant, avec un étonnement mêlé d'humeur.*

QU'ENTENDS-JE ! mon père, mes enfans ! Qu'est-ce que cela signifie ?... (*Avec la plus grande surprise.*) Dieu ! mon mari !

LISETTE *stupéfaite.*

C'est lui-même. Je n'en reviens pas.

FLORVILLE *tranquillement.*

Pourquoi vous étonner, ma bonne amie ? Vous voyez que votre père, vos enfans, partagent en secret le plaisir que vous cause mon retour.

Mad. FLORVILLE.

Comment ! Et ce souper avec cette Dame, son père, ses enfans ?...

FLORVILLE, *montrant son père et ses enfans.*

A la Dame près, je ne vous ai point menti.—Tu as pu penser que je préférerais la société d'une étrangère à celle de mon épouse ? Non, celle de mon père, de mes enfans, pouvait seule balancer le plaisir que me cause la tienne.

Mad. FLORVILLE, *avec confusion.*

Quoi ! je serais jouée !

FLORVILLE, *se rapprochant d'elle.*

Tu te trompes, ma bonne amie; voici mes raisons : mon père, mes enfans n'étaient point admis à la fête que tu donnes pour célébrer mon retour; et comme ce sont, après toi, mes meilleurs amis, il était juste qu'ils le célébrassent. J'ai préféré leur petit souper à ton festin; parce que l'ennuyeuse étiquette présidait à celui que tu as donné, et que la vérité, la franchise, faisaient les frais de celui-ci : il n'y manquait qu'une personne pour le rendre le plus beau de ma vie.

Mad. FLORVILLE.

Je suis confondue... Quelle leçon terrible! (*Elle se cache le visage.*)

Le Père CANDOR, *vivement.*

Ah! je conçois... Quoi, ce souper?... Je ne sais si les larmes qui m'échappent sont de tristesse ou de joie.

FLORVILLE, *bas à Ambroise.*

Ambroise, éloignez ces enfans, et cachez-leur l'embarras de leur mère. (*Ambroise sort avec les enfans.*)

Mad. FLORVILLE.

Et j'ai pu soupçonner !... Je n'ose lever les yeux.

FLORVILLE.

Ne rougis point de tes erreurs, ta confusion me dit que tu vas tout réparer.

Mad. FLORVILLE

Le pourrai-je jamais ?

FLORVILLE.

Il en est temps encore. Tes enfans t'aiment, prodigue-leur tes soins, et ils t'adoreront; pour ton père, ses larmes te disent que tu n'es jamais sortie de son cœur.

Mad. FLORVILLE.

Et j'ai pu croire les indices faux que mes domestiques m'ont donnés; j'ai pu croire... Que dis-je! leurs mensonges étaient moins affreux que mes soupçons. (*A Lisette.*) Ne paraissez devant moi que pour recevoir votre compte.

LISETTE.

Madame....

Mad. FLORVILLE.

N'ajoutez pas à la hardiesse que vous avez eue, celle de vouloir vous justifier; sortez... (*Lisette sort.*) Me pardonneras-tu ?

FLORVILLE.

Je n'ai jamais douté de ton cœur; et quand j'ai concerté cette épreuve, j'étais bien sûr qu'elle réussirait.

Mad. FLORVILLE, *cherchant avec une tendre inquiétude.*

Je ne vois point mes enfans.

FLORVILLE, *vivement.*

Modère tes caresses; qu'ils ne s'apperçoivent pas que tu les a négligés; rends-leur ta tendresse. . . . par degré, afin qu'ils puissent dire, dans un âge plus avancé : elle nous a toujours aimés. (*Madame Florville apperçoit son père qui cache ses larmes; elle veut se jeter à ses genoux; il l'arrête et la reçoit dans ses bras; elle revient à son époux, qui dit gaîment, en essuyant ses larmes....*) — Mais laissons cela : que va dire ta compagnie !

Mad. FLORVILLE, *avec le plus grand abandon.*

Eh! que m'importe : je suis heureuse. — Le plaisir seul que j'éprouve à avouer mes torts est plus pur, est plus doux que tous ceux que j'ai goûtés pendant ton absence. La coquette s'étourdit, mais n'a que des jouissances aussi fausses que les attraits qu'elle emprunte de l'art. Ma coquetterie à présent sera toute dans mes enfans; les élever, les instruire, voilà mes seuls, mes vrais plaisirs, et leurs yeux et les tiens seront le miroir où je verrai chaque jour si je dois être contente.

Le Père CANDOR.

Ma fille ! que vous savez bien faire oublier les peines !

Mad. FLORVILLE.

Je vais te présenter aux personnes que tu ne connais pas; il y en a qui sont dignes de ton amitié; venez, mon père, je veux vous faire connaître à nos amis; amenons aussi nos enfans; le bal vient de commencer : ils s'amuseront.

(Ambroise qui avait reparu dans le fond, et qui écoutait avec intérêt, fait signe aux enfans de venir.)

FLORVILLE.

Oui.— Mais si mon air un peu marin, si la franchise de ton père, la gaité de tes enfans, allaient déplaire à ces grandes Dames?

Mad. FLORVILLE.

Eh bien! elles s'en iraient; nous continuerions la fête en famille, elle n'en serait que plus belle.

FLORVILLE.

Je te reconnais. Voilà la véritable mère, qui n'est heureuse qu'avec son père, son époux et ses enfans.

(Les enfans conduits par Ambroise, se trouvent près de leur mère qui va s'abandonner aux plus vives caresses, lorsque Florville lui fait signe de se modérer; elle s'arrête, se contraint, et se contente de leur serrer tendrement la main.)

VAUDEVILLE.

FLORVILLE, *à sa femme.*

Nous pouvons aller maintenant
Nous amuser tous à la fête.
Ah! de celle du sentiment
La réussite est bien complette.

Mad. FLORVILLE.

Crois qu'à ces festins à grands frais,
Où d'un faux éclat chacun brille,
Je vais préférer désormais
Un petit souper de famille. *(Bis.)*

CANDOR.

Ah! je veux c lébrer ce jour
Par un repas, vaille que vaille;
Nous y chanterons tour à tour,
(*Aux enfans.*) Nous y jouerons à la bataille.
Dès demain, ô projet charmant!
(*Au mari.*) Je donne à vous, à toi, ma fille,
Dans mon modeste logement,
Un petit souper de famille. (*Bis.*)

JULIE, *au public.*

Les Auteurs tout bas nous ont dit :
« Nous travaillons pour la jeunesse;
» Heureux si le vieillard sourit
» Aux traits qu'inspira sa sagesse.

AUGUSTE.

Voulez-vous, par un digne prix,
Récompenser une vétille?
Amenez nos jeunes amis
Au petit souper de famille. (*Bis.*)

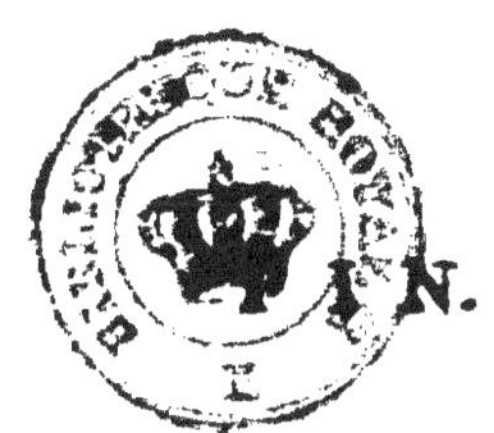

N.

Nota. On peut passer à la représentation le premier duo qui commence la pièce ; alors le rôle de Florville peut être joué par un acteur de comédie, puisqu'il n'y a plus de morceaux de chant dans ce rôle.

De l'Imprimerie de MIGNERET, rue Jacob, N°. 1186.

AVERTISSEMENT.

On prévient le Public, qu'un grand nombre d'Auteurs dramatiques ayant cherché le moyen de parer aux contre-façons, s'est déterminé à faire exécuter un Cachet identique qu'il sera impossible d'imiter, et qui sera déposé au Bureau dramatique établi *rue Helvétius*, N.° 664, près celle Chabanais. Ce Cachet, la propriété des Auteurs, sera empreint sur chaque exemplaire. Mais ce moyen ne pouvant pas être d'une exécution très-prompte, on prévient, en attendant, que tous les exemplaires du *Rendez-vous supposé,* ou *le Souper de Famille*, et d'autres Pièces, s'il y a lieu, seront signés du Fondé de pouvoirs des Auteurs dramatiques, à l'adresse ci-dessus indiquée.

Nota. Comme il pourroit se faire que les pièces de théâtre fussent contre-faites dans les Départemens, les Correspondans des Auteurs dans chaque Département sont invités à poursuivre, aux termes de la Loi, tout contre-facteur ou vendeur de contre-façons, s'il s'en découvre.

www.ingramcontent.com/pod-product-compliance
Lightning Source LLC
LaVergne TN
LVHW021713230826
846091LV00006BA/2157

9782012729414